Fransoa Rable

# PANTAGRUELOVSKO PREDSKAZANJE

REČ I MISAO

KNJIGA 456

Prevela sa francuskog izvornika,
napomenama propratila hronologiju i
bibliografije sastavila
ALEKSANDRA MANČIĆ MILIĆ

F O N D
Madlena
Janković

pomogao je objavljivanje ovog kola biblioteke
„Reč i misao", od kojeg hiljadu dvesta primeraka knjiga
poklanja bibliotekama Srbije

FRANSOA RABLE

*Sigurno, istinito i nepogrešivo*

# PANTAGRUELOVSKO PREDSKAZANJE

*za večnu godinu
iznova sastavljeno na polzu i za nauk
vetropirima i zazjavalima po prirodi
od Meštra Alkofribasa,
velegozbenika narečenog Pantagruela*

IZDAVAČKO PREDUZEĆE „RAD"
BEOGRAD

## NASLOV IZVORNIKA

*Pantagrueline prognostication
certaine, véritable et infallible
pour l'an perpetuel
nouvellement composée au proffict et advisement
de gens estourdis et musars de nature
par Maistre Alcofribas
architriclin dudict Pantagruel*

Zlatni broj *non dicitur*.

Nikako da ga nađem ove godine, ma kakve proračune pravio. Pođimo dalje.

*Verte folium*.

*Blagonaklonom štiocu*
Zdravlje i mir u Isusu Hristu.

Smatrajući da je do grdne zloupotrebe došlo zbog onolikih luvenskih proročanstava, načinjenih u senci čaše vina, ja sam vam ovde sračunao najsigurnije i najistinitije do sad viđeno predskazanje, kako će vam iskustvo pokazati.

Jer bez sumnje, kao što kaže Carski Prorok, u *Psalmu petom, Bogu*: „Zatrćeš svakoga onoga ko laž govori", nije mali greh lagati hotimice i zloupotrebljavati siroti svet željan da sazna nove stvari. A takvi su oduvek bili naročito Francuzi, kako piše Cezar u svojim *Komentarima*, i Žan de Gravo u *Galskim mitologijama*. A to još uvek iz dana u dan viđamo po Francuskoj, gde se taze pridošlicama najpre sledećim rečima obrate:

„Šta je novo? Znate li išta novo? Šta se priča? O čemu se šuška u svetu?"

I toliko tome posvećuju pažnje, da se često naljute na one koji dolaze iz stranih zemalja ne donevši pune torbe novosti, nazivajući ih teladima i idiotima.

Elem, koliko su brzi na traženju vesti, toliko su, ili još više, spremni da poveruju u ono što im se kaže, pa zar ne bi trebalo iz predostrožnosti na ulaz u Kraljevinu postaviti poverljive ljude, koji bi služili samo tome da proveravaju vesti koje se donose, i da saznaju jesu li one istinite?

Svakako. Tako je i učinio moj dobri gospar Pantagruel po čitavoj zemlji Utopiji i Dipsodiji-Žeđariji. Jednako mu je svako dobro dolazilo, i toliko mu je uznapredovala zemlja, da sada ne mogu da postignu toliko da ispiju, pa bi im čisto došlo da vino po zemlji prospu ako im odmah ne stigne pojačanje u ispičuturama i dobrim šaljivdžijama.

U želji, dakle, da zadovoljim radoznalost svih dobrih pajtaša, isprevrtao sam sve nebeske svodove, proračunao mesečeve četvrti, prošpartao i išpartao sve što su ikada mislili svi mogući Astrofili-Zvezdoljupci, Hipernefelisti-Prekooblačnici, Anemofilati-Vetroljubi, Uranopeti-Nebuteži i Ombrofori-Kišonosci, i sve to uporedio sa Empedoklom, koji se preporučuje vašem milosrđu. I čitav *Tu autem* je ovde u nekoliko poglavlja izrađen, te vas uveravam da sam rekao samo ono što sam mislio, a da mislim samo ono što jeste, a to nije ništa drugo, cela je istina, doli ovo što sada čitate. Ono što je niže rečeno, prosejano je kroz krupno sito uzduž i popreko, i može biti da će biti, a opet – možebiti nikada biti neće.

Na jedno vas upozoravam: ako ne poverujete u sve, medveđu mi uslugu činite, zbog čega ćete ovde ili na drugome mestu biti teško kažnjeni. Goveđa žila u sosu od višnjevih šiba neštedimice će padati na vaša leđa, pa vi berite kožu na šiljak, jer

8

lako se može desiti da se mnogi dobro ogreju, samo ako se pekar ne uspava.

Useknite se, dakle, dečice, a vi, stare sanjalice, podesite naočari svoje, pa merite ove reči sa najvećom smernošću i pažnjom.

# O vladavini i gospodaru ove godine
## Glava prva

Ma šta vam govorili oni ludi zvezdočatci iz Luvena, Nirnberga, Tibingena i Liona, ne verujte da će ove godine biti druge vladavine na vasionom svetu svom osim Boga stvoritelja, koji božanskom rečju nad svime vlada i upravlja, kroz kojega su sve stvari u svojoj prirodi i svojstvu i stanju, i bez čijeg bi nadzora i vladavine sve stvari bile u jedan mah svedene na ništavilo, baš kao što su iz ništavila uz njegovu pomoć proizvedene u svoje biće.

Jer od njega dolazi, u njemu jeste i kroz njega se savršava svako biće i svako dobro, sav život i kretnja, kao što jevanđeoska truba, Monsinjor sveti Pavle, kaže u *Poslanici Rimljanima* XI. Elem, vlast ove godine, i svih drugih godina, prema našoj verodostojnoj odluci, biće Bog svemogući. Ni Saturn, ni Mars, ni Jupiter, niti bilo koja druga planeta, a zasigurno ni anđeli, ni sveci, ni ljudi, ni đavoli, neće biti moćni ni delotvorni, niti od bilo kakvog uticaja, ako im ga Bog po svojoj volji ne dade.

Kako kaže Avicena: drugostepeni uzroci nemaju nikakva uticaja niti dejstva, ako se prvostepeni uzrok ne umeša. Zar ne govori istinu taj dobri starčić?

# O pomračenjima ove godine
## Glava II

Ove godine biće toliko pomračenja Sunca i Meseca da strahujem (i ne bez razloga) da će nam kese patiti od neuhranjenosti, a čula od poremećenosti. Saturn će biti u opadanju, Venera uspravna, Merkur nepostojan. I još gomila drugih planeta neće ići kuda im vi kažete.

Otuda će, ove godine, krabe ići postrance, užari unatraške, hoklice će se stavljati na klupe, ražnjevi na preklade, kape na šešire; muda će landarati mnogima jer će nedostajati nakitnjaka; buve će biti crne najvećim delom; slanina će da se topi u vreme posta; trbuh će ići napred; dupe će prvo da seda; zrno boba neće moći da se nađe u česnici; as u flešu nikako se neće pojavljivati; kocka neće nikad pasti po želji, ma kako je bacali, i neće baš često dolaziti prilika koju tražimo; zveri će govoriti na raznim mestima.

Bele Poklade će dobiti svoju parnicu: jedan deo sveta će se prerušiti kako bi prevario onaj drugi, i jurcaće ulicama kao ludi i van sebe; nikada nije viđen takav nered u Prirodi. I napraviće se ove godine više od dvadeset sedam nepravilnih glagola, ako ih Priscijan ne bude držao na uzdi.

Ako nam Bog ne pomogne, imaćemo poprilič-no posla; ali naprotiv, ako je on uz nas, ništa neće moći da nam naudi, kako kaže nebeski zvezdoča-tac koji je bio uznesen do Neba: *Poslanica Rimlja-nima*, VIII glava. *Si Deus pro nobis, quis contra nos?* Vere mi, *nemo, Domine*, jer on je previše do-bar i previše moćan. Ovde blagoslovite njegovo sveto ime, radi poravnanja.

# Bolesti ove godine
## Glava III

Ove godine slepci će videti sasvim malo, gluvi će čuti veoma loše, nemi uopšte neće govoriti, bogatašima će biti malo bolje nego siromasima, a zdravima bolje nego bolesnima.

Mnoge ovce, goveda, svinje, guske, kokoške i patke će umreti, a smrtnost neće biti tako okrutna među majmunima i kamilama.

Starost će biti neizlečiva ove godine usled godina koje su protekle.

Oni koji imaju upalu plućne maramice, imaće jake bolove u rebrima. Oni koji imaju proliv često će ići u ćeliju iznad jame. Prehlade će ove godine sići iz mozga u donje udove. Bol u očima veoma će škoditi vidu. Uši će biti kratke u Gaskonji i biće ih manje nego obično.

I vladaće skoro svuda jedna sasvim užasna i podmukla, zloćudna, izopačena, grozomorna i mukotrpna bolest, koja će veoma zaprepastiti svet, i zbog koje mnoge pas neće imati za šta da ujede, pa će se svako malo odavati blebetanju, silogiziraće o kamenu mudrosti i o Midinim ušima. Drhtim od straha kad na to pomislim: jer kažem vam da će biti zarazna, a nju Averoes, *Colliget VII*, zove – besparica.

No kad se uzme u obzir kometa od prošle godine i opadanje Saturna, u bolnici će umreti jedan veliki skot, sav slinav i krastav, po čijoj smrti će nastati grozan pokolj između mačaka i miševa, između pasa i zečeva, između sokola i pataka, između kaluđera i jaja.

# Plodovi i dobra koja rastu iz zemlje
## Glava IV

Pronalazim po Albumazerovim proročanstvima u knjizi *O velikom sazvežđu* i drugde, da će ova godina biti prilično rodna, sa zasadima svih dobara kod onih koji budu imali od čega.

Ali hmelj iz Pikardije će malo strahovati od hladnoće; ovas će uvelike prijati konjima; neće biti ni za dlaku više slanine nego što ima svinja; pošto će Ribe biti u usponu, biće to sjajna godina za gundelje.

Merkur unekoliko preti peršunu, ali, uprkos tome, cena će mu biti razumna.

Pelen i čemerika će rasti više nego obično, uz obilje kiselog grožđa.

Nikada se neće videti toliko žita, vina, voća i povrća, samo ako želje siromaha budu uslišene.

# O položaju nekih ljudi
## Glava V

Najveća ludost na svetu jeste misliti kako postoje zvezde za kraljeve, pape i veliku gospodu, pre nego za siromahe i paćenike, kao da su nove zvezde bile stvarane od vremena Potopa ili Romula ili Faramonda, pri novom stvaranju Kraljeva. Ni Tribule-Luda ni Kajet-Smušenko, koji su uvek bili ljudi velikog znanja i ogromnog ugleda, to ne kažu.

A, na primer, u Nojevoj barci rečeni Tribule beše od roda kastiljanskih kraljeva, a Kajet Prijamove krvi; ali sve te greške potiču samo iz nedostatka istinske katoličke vere.

Uzimajući dakle za sigurno da se zvezde jednako malo brinu o kraljevima kao i o prosjacima, o bogatašima kao i o bednicima, ostaviću drugim ludim predskazivačima da govore o kraljevima i bogatašima, a ja ću da govorim o ljudima niskoga roda.

I to najpre o ljudima koji su pod vlašću Saturna, kao što su ljudi u besparici, ljubomornici, sanjalice, zlonamernici, sumnjičavci, lovci na krtice, zelenaši, prekupci renti, grabljivci, bojadžije kože, ciglari, topioci zvona, ugovarači pozajmica, čizmari, melanholični ljudi, ove godine oni neće imati sve ono što bi želeli, učiće se veštini pronalaženja Časnoga krsta, neće bacati svoju slaninu psima, i često će se češati tamo gde ih ne svrbi. Pod Jupiterom, pak, takvi kao što su licemeri, cinkaroši, crnorisci, nosači relikvija, napajači, pisari, prepisivači, oni koji papske bule ispisuju i oni koji na njih datume stavljaju, parničari-ujdurmaši, zakukuljičeni, kaluđeri, isposnici, pritvorice, svete petke, papirožvrljači, tikvani, oni koji nose periku na glavi, mastiljari, papirdžije, mamirdžije, aminaši, valjači pergamenta, ćate, raminagrobisi, šaptači, podstrekači, nosiće se već prema novcu koji imaju. I toliko će ljudi iz crkve umreti, da će se teškom mukom nalaziti neko kome bi bili dodeljeni prihodi, tako da će ih mnogi imati po dva, tri, četiri, i više. Licemerje će se uveliko hvalisati svojom starom slavom, jer je svet postao kavgadžija i junačina, i više uopšte nije tašt, kako kaže Avenzagul.

Pod Marsom, dželati, ubice, pustolovi, razbojnici, narednici, oni koji su tu da podsete zaboravne svedoke, noćobdije, plaćene ubice, čupači zuba, sekači žuljeva, brice, kasapi, kovači lažnoga novca, nadrilekari i vrači, Takvini i Marani, bogohulnici, prodavci šibica, kafanski stratezi, odžačari, vojnici seoske milicije, ćumurdžije, alhemičari, jajadžije, pečenjari, kobasičari, oni koji prave dečije igračke, zvonari, fenjerdžije, torbari, ove će godine lepih udaraca zadati; ali niko od njih neće biti naročito raspoložen da nešto udaraca štapom primi za kaparu. Jedan od gorepomenutih će ove godine biti rukopoložen za drumskoga episkopa, i stopalima će blagosloviti prolaznike.

Pod Suncem, kao ispičuture, iscelitelji slepih, trbušani, pivari, oni koji zdevaju seno u plastove, koji ga nose, kose i pokrivaju, oni koji slamu slažu u snoplje i oni koji od snoplja prave krstine, čobani, govedari, kravari, svinjari, guščari, baštovani i ambardžije, ključari, prosjaci po svratištima, pabirčari, oni koji cede iz kapa mast i oni koji natovaruju samare, trgovci krpama, zazjavala, čankolizi, uopšte, svi oni koji vezuju košulju u čvor na leđima, biće zdravi i veseli, i kada se budu ženili, neće ih boleti zubi.

Pod Venerom, kao što su kurve, svodilje, zavodnici, jeretici, ženskaroši, frengavi, rošavi, razvratnici, podvodači, protuve, sobarice, *nomina mulierum desinentia in* „ka", *ut* peglerka, pisarka, krčmarka, domarka, staretinarka, biće ove godine na glasu, ali kada sunce bude ušlo u sazvežđe Raka i druge znakove, moraju se čuvati frenge, čireva, vruće pišaćke, guščje kože, itd. Nerođeni će teško biti začeti bez muškog upliva, retko će koja devica u dojkama imati mleka.

Pod Merkurom, kao što su varalice, mućkaroši, vrdalame, mudrijaši, ovejane lopuže, oni koji stavljaju pločnike, učitelji umetnosti, doktori kanonskog prava, provalnici, bolesni od zlatne groznice, stihoklepci, kockari, opsenari, vrači, zlodetelji i opraštači, pesnici, oni koji delju latinski i oni koji rebuse sastavljaju, trgovci hartijom, majstori što prave karte, galeoti, openjivači mora, praviće se da su srećniji nego što će često biti, ponekad će se smejati i kad im nije do smeha, a žestoko će naginjati bankrotu, samo ako u ćemeru nađu više novca nego što im je nužda.

Pod Mesecom, kao što su vodiči pasa, lovci, sokolari i orlari, poštonoše, trgovci solju, mesečari i ludaci, praznoglavci, nadžaci, laponci, posrednici, ugursuzi, udvorice, njuškala, staklari, stradiote, primorci, matrozi, štalski jahači, ćopavci, ove godine neće umeti nigde da se skrase. Ipak neće otići onoliko Švaba u Santjago koliko će ih doći godine 1524. Sići će s planina Savoje i Overnje mnoštvo hajduka; ali Strelac im preti plikovima na peti.

# O stanju u nekim zemljama
## Glava VI

Plemenita kraljevina Francuska biće napredna i uspešna ove godine u svim zadovoljstvima i uživanjima, toliko da će se drugi narodi dragovoljno povući.

Biće tu i gozbice, i razonodice, hiljadu radosti u kojima će svako naći zadovoljstva: nikada se nije videlo toliko vina, pa još i toliko ukusnog; mnoštvo repe u Limuzenu, mnoštvo kestenja u Perigoru i Dofineu, mnoštvo maslina u Langedoku, mnoštvo peska u Oloni, mnoštvo riba u moru, mnoštvo zvezda na nebu, mnoštvo soli u Bruažu.

Mnoštvo zasadâ žita, povrća, voća, mnoštvo gradinâ, putera, mleka. Nikakve pošasti, nikakvog rata, nikakve nevolje, ni trunke siromaštva, ni trunke briga, ni melanholije; i oni stari dvostruki dukati, nobl a la roz, anželoti, egrefini, rojali, i mutoni kao jaganjci sa bogatim runom, vratiće se u upotrebu, i mnogo sarafa i ekija sa suncem.

Ipak, negde sredinom leta, treba se bojati najezde crnih buva i komaraca iz Devinijere. *Adeo nihil est ex omni parte beatum.* Ali bi trebalo po svaku cenu obuzdati se u večernjim obedima.

Italija, Rumunija, Napulj, Sicilija, ostaće tamo gde su i prošle godine bili. Zapašće u veoma dubok san negde krajem Poklada, a dremaće katkad i negde oko podneva.

Nemačka, Švajcarska, Saksonija, Strazbur, Antverpen, itd., imaće koristi ako ne dožive neuspeh; tu se moraju paziti bogomoljci-relikvijari, a ove godine neće biti ustanovljeno mnogo godišnjica.

Hispanija, Kastilja, Portugalija, Aragonija, biće veoma podložne iznenadnim potresima i jako će se bojati smrti, kako mladi tako i stari; a ipak će ostati živahni, i često će brojati svoje ekije, ako ih budu imali.

Engleska, Škotska, Esterlinci, biće prilično loši Pantagruelovci. Podjednako će im biti zdravo vino koliko i pivo, pod uslovom da bude hladno i ukusno. Za svakim stolom nada će im ležati u igri ispod stola. Sveti Trenjan Škotski napraviće mnoštvo čuda, pa i više od toga. Ali sveće koje mu budu nosili, on neće videti ni malo jasnije ako se Ovan u porastu ne strmekne sa svoga brvna i ako mu se rog ne očene.

Moskovljani, Indijci, Persijanci i Trogloditi često će imati krvavu sraćkalicu, jer neće želeti da papežnici od njih naprave ovce, s obzirom na kretanje Strelca, koji je u usponu.

Česi, Jevreji, Egipćani, neće ove godine biti prisiljeni da se zadovolje samim nadanjima, Venera im žestoko preti škrofulama; ali pokoriće se volji kralja Parpajona-Leptirnjaka.

Eskargote-Pužare, Sarabuite, Kokmare, Kanibale, gadno će mučiti obadi, i slabo će im poskakivati tasevi i puniti se kotarice, ako ne budu zazivali Gvajaka-Jadikovku.

Austrija, Mađarska, Turska, vere mi moje, deco moja draga, ne znam kako će im biti, a i slabo se oko toga brinem, pošto je Sunce hrabro ušlo u sazvežđe Jarca, a ako vi o tome više znate, ne govorite ni reči, nego čekajte dolazak Hromoga.

# O četiri godišnja doba. I najpre o proleću
## Glava VII

Čitave ove godine postojaće samo jedan Mesec, pa ni on neće uopšte biti mlad; u gadnom ste škripcu, vi koji uopšte ne verujete u Boga, vi koji proganjate njegovu svetu i božansku reč, zajedno sa onima koji je se drže.

No, što vam je, tu vam je, nema drugog Meseca osim onoga koji je Bog stvorio na početku sveta i koji, usled narečene mu svete reči, beše postavljen na nebeski svod da osvetljava i da vodi ljude po noći. *Ma Dia*, ne želim time da kažem kako se on ne pokazuje zemlji i zemaljskim ljudima u manjem ili u većem sjaju, zavisi da li se približi suncu ili se od njega udalji.

Jer, zašto? Zato što, itd.

A osim toga, ne molite se za njega da ga Bog čuva od vukova, jer ga ove godine ni taknuti neće, uveravam vas. Kad smo već kod toga: u ovo godišnje doba videćete upola više cveća nego u sva tri preostala. I neće biti smatran za ludog onaj koji radije u to doba bude pravio zalihe novca nego zalihe paučine čitave godine.

Grifoni i maroni iz planina Savoje, Dofinci i Hiperborejci, koji imaju večni sneg, biće uskraćeni za ovo godišnje doba i uopšte ga neće imati, prema mišljenju Avicene, koji kaže kako proleće počinje kad sneg padne sa planina. Verujte ovom obznanjivaču.

U moje doba se računao *Ver*, iliti proleće, otkako sunce uđe u prvi stepen Ovna. Ako se danas računa drugačije, primam na sebe osudu. I ni reči više.

# O letu
## Glava VIII

U leto ne znam kakvo će vreme biti i koji će vetar duvati, ali znam vrlo dobro da mora biti toplo i duvati morski vetar.

Ipak, ako se i drugačije desi, ne treba se odricati Boga. Jer on je mudriji od nas i mnogo bolje od nas samih zna šta nam je potrebno, uveravam vas, tako mi sreće, ma šta rekao Hali i njegovi privrženici. Lepo će biti ako ste veseli i ako pijete hladno. Toliki su ljudi govorili kako nema bolje stvari protivu žeđi. Ja u to verujem. Takođe, *contraria contrariis curantur*.

# O jeseni
## Glava IX

U jesen će biti berba, a pre, a kasnije: to mi je svejedno, samo da imamo dovoljno vinca.

Biće to vreme za proricanje dobre berbe, jer tako će misliti bešika koja će veselo mokriti. Oni i one koji su se zarekli da će post postiti dok se zvezde ne pojave na nebu, sada mogu lepo da se založe, uz moju dozvolu i o mom trošku. Pa opet su mnogo okasnili: jer zvezde su tamo još od pre šesnaest hiljada i ne znam koliko dana, kažem vam, i to dobro prikačene.

I ne nadajte se da će vam u buduće padati pečene ševe s neba, jer neće pasti za vašega doba, tako mi časti.

Licemeri, lažni bogomoljci i relikvijari ovekovečiće se, a drugi takav šljam izaći će iz svojih skrovišta. Neka se čuva ko god bude hteo.

Takođe se čuvajte zatvora kada jedete ribu. A od ribe Bog neka vas čuva.

# O zimi
## Glava X

U zimu, prema mome skromnome sudu, neće biti pametni oni koji budu prodali svoje kože i krzna e da bi kupili drva. Tako nisu radili ni stari, kao što svedoči Avenzuar.

Ako pada kiša, nemojte biti setni: jer, tako će manje prašine na putevima biti. Utopljavajte se. Čuvajte se nazeba. Pijte od najboljega, čekajte dok se ono drugo ne popravi.

I od sada ne serite više u krevet. O, kokoši, pravite li i vi svoja legala tako visoko?

Kraj.

# PREVODIOČEVE NAPOMENE

Najstarije poznato izdanje ovog delca štampano je na četiri lista *in–4°*, bez datuma, verovatno 1532. godine, kod štampara Fransoa Žista u Lionu. Sledeća izdanja su preštampavana kao predskazanje za 1533. godinu (*pour l'an D.XXXIII*). Kako je *Predskazanje* stalno čitano i iznova štampano, 1542. godine, deset godina posle prvog izdanja, kod istog štampara u Lionu, Rable je objavio verziju koja se smatra za konačnu. U njoj je namesto bilo kakvog datuma napisano *„pour l'an perpetuel"*, „za večnu godinu".

Pri radu na prevodu *Pantagruelovskog predskazanja* korišćena su tri izdanja: *Rabelais, Œuvres completes, Jacques Boulenger et Lucien Scheler, 1970. Paris, Gallimard, Bibliotheque de la Pléiade*, zatim *Œuvres de Rabelais, Burgaud des Marets et Rathery, 1893. Didot*, i izdanje *François Bon – Luis Dubost, Pantagrueline prognostication*, u knjizi *François Bon, James Sacré, François Rabelais, Bon & Sacré Rabelais, Le dé bleu, 1994*. Ovo poslednje izdanje rađeno je neposredno na osnovu izdanja iz 1542. godine.

Izdanje Bona i Diboa propraćeno je kratkim predgovorom. Komentara uz tekst nema. Priređivači, međutim, u predgovoru najavljuju da će se za tekstom naći i glosar koji su oni sastavili, ali ga u samoj knjizi nema.

Ni u Plejadinom izdanju nema komentara uz tekst.

Sa druge strane, izdanje iz 1893. jedino je snabdeveno određenim brojem napomena koje olakšavaju snalaženje u Rableovom tekstu, ali mestimično mogu zavesti i na neki pogrešan trag.

Između ova tri izdanja postoje izvesne razlike kada je u pitanju sam tekst; one su, međutim, manjeg obima: na pojedinim mestima je u jednom od izdanja izostavljena neka reč koje u drugom ima, a na nekoliko mesta se javlja i razlika u rasporedu rečenica po pasusima. Raspored pasusa u izdanju Bona i Diboa, međutim, dobrim delom je različit u odnosu na druga dva korišćena izdanja.

Prilikom prevođenja smo se opredelili da u osnovi sledimo Plejadino izdanje (kada je u pitanju osnovni tekst) i izdanje Bona i Diboa (podela teksta na pasuse); što se tiče interpunkcije, uglavnom smo se vladali prema Plejadinom izdanju, ali vodeći računa i o rasporedu interpunkcijskih znakova u izdanju Bona i Diboa.

U napomenama su naznačene razlike između ova dva izdanja, koja se u pogledu teksta u najvećoj meri slažu, i izdanja Birgoa od Marea i Raterija.

Zanimljiva tumačenja i podatke prevodilac je pronašao u eruditskoj, i ezoteričnoj u najvišem smislu, knjizi o duhovnom i telesnom ezoterizmu Rableovom: *Claude Gaignebet, Au plus hault sens. L'ésotérisme spirituel et charnel de Rabelais, Maisonneuve et Larose, Paris, 1986,* u dva toma.

Osim mnoštva konsultovanih rečnika, od neizmerne koristi pri prevođenju i tumačenju pojedinih delova bio je Litreov *Dictionnaire de la langue française,* pravo sveznanje francuskoga jezika. I, naravno, prevod *Gargantue i Pantagruela* Stanislava Vinavera, bez kojega se Rable, na srpski, „prevoditi i ne može (ako se prevodi prikladno)“.

Kako Vinaver veli u svom tekstu „Rableova žetva", Rableov tekst se „mora pretočiti u čitav jedan mnogosmerni, mnogostrujni, mnogozvučni istorijski jezik sa svakojakim zaokretima, koji daju slikama i pojmovima ustalasani zalet, kroj i hod". Trudili smo se da u prevođenju ovog Rableovog napisa, nastalog godinu dana po objavljivanju *Pantagruela*, sledimo Vinaverov nauk, koliko je to moguće, i da tražimo „puta i načina" da prenesemo „mnogobrojne jezičke i sintaksičke pokušaje, koji nikad ne teku jednim jedinim pravcem" i Rableove „nedoumice, i mnogoumice, koje hvatamo u letu"; ove beleške samo su pokušaj da ukažemo na neke nedoumice pred Rableovim mnogoumicama.

**Zlatni broj** – *Nombre d'or* (franc.), odnosno Metonov broj. Meton Atinski je oko 430. godine pre Hrista utvrdio da se Mesečeve mene ponavljaju u istim datumima u ciklusima od 19 godina, čime je rešio problem određivanja Mesečevih mena za više godina unapred (ili unazad). Ako je, dakle, bio poznat jedan takav ciklus i položaj odgovarajuće godine u tom ciklusu, mogli su se tačno utvrditi datumi svake Mesečeve mene. Taj položaj godine u ciklusu zbog svoje važnosti je upisivan zlatnom bojom, te je i nazvan zlatni broj.

*Non dicitur* – (lat.) Ne kaže se.

*Verte folium* – (lat.) Okreni list.

## Blagonaklonom štiocu

**Kao što Bogu kaže Carski prorok u Psalmu petom** – Psalam V, 6, *Psalmi Davidovi*, u prevodu Đure Daničića glasi ovako: „Potireš lažljivce; na krvopioce i lukave mrzi Gospod".

**Kako piše Cezar u svojim Komentarima** – „U krvi je naime galskoj da i putnike, čak i kad se protive, natjeraju da stanu pa što god je koji od njih o ma čemu čuo ili doznao ispituju, a trgovce u gradovima masa opkoli pa ih nagoni da kažu iz kojih krajeva dolaze i kakve su vijesti tamo čuli." Gaj Julije Cezar, *Galski rat*, prevod s latinskog, predgovor i objašnjenja Ahmed Tuzlić, Matica srpska, Novi Sad, 1980, str. 84.

**Žan de Gravo** – Klod Genjbe u svom *Au plus hault sens* kaže, oslanjajući se na izvesnog Dontenvila: „Taj Žan de Gravo kojeg, od prvih redova svoga delca autor stavlja u društvo sa Cezarom je ... sam Rable, prema lepom dokazu Dontenvila: 'Žan de Gravo, to je Rable, koji se ovde zabavlja prisećajući se jednog porodičnog imanjca smeštenog iza Burgeja, u zabačenoj dolji okruženoj šumom.'"

*Tu autem* – (lat.) Ti, međutim; ovaj izraz u govornom francuskom jeziku znači i „nešto neophodno, ključno", a preuzima reči kojima se završavaju molitve u brevijaru: *„tu autem, Domine, miserere mei"* – „ti, međutim, Gospode, smiluj se na mene". Na ovome mestu, osim u značenju „neophodna, ključna stvar", *Tu autem* podrazumeva i značenje „molitvenik, brevijar".

**Pekar** – Prema tumačenju Birgoa od Marea i Raterija, misli se na dželata koji je spaljivao jeretike.

O vladavini i gospodaru ove godine
Glava prva

**Kao što jevandeoska truba, Monsinjor sveti Pavle, kaže u Poslanici Rimljanima XI** – *Rimljanima poslanica*, XI, 36: „Jer je od njega i kroz njega i u njemu sve. Njemu slava vavijek. Amin." (Preveo Vuk Stef. Karadžić)

**Avicena** – *Abu'Ali al-Husein ibn Sina*, koji je poučavao kako je svet večan, iranski je lekar i filozof (980–1037), čije tumačenje Aristotela je imalo velikog uticaja u srednjovekovnoj Evropi.

## O pomračenjima ove godine
## Glava II

**Ove godine biće toliko pomračenja Sunca i Meseca** – Alhemičari su često zlato nazivali Suncem, a srebro Mesecom, pa otuda i ova „pomračenja" imaju dvostruko značenje.

**Priscijan** – U izdanju Fransoa Bona i Džejmsa Sakrea umesto „XXVII" stoji: „xx&ii (dvadeset i dva) nepravilna glagola".

Prema Birgou od Marea i Raterija, ovde u značenju „gospodar gramatike". Rable aludira na veoma rasprostranjen manir među piscima svoga vremena da unose proizvoljne izmene u određene oblike konjugacija. Rable se u više navrata vraćao na temu „domišljatih jezikoznanaca", pa čak im smišljao i muke koje će ih stići kao zaslužena kazna za preteranu samouverenost u smišljanju „novina". U *Gargantui i Pantagruelu*, II, 6, on priča o nekakvome Limuzincu koji je pravio „francuski prekojezik" i zbog toga bio osuđen da umre „Roldanovom smrću, od žeđi": „I tako božanska osveta daje za pravo filozofu Aulu Geliju, koji kaže da nam priliči govoriti uobičajenim jezikom; a i Oktavijan Avgust je tvrdio da treba izbegavati neobične reči, dotumarale ko zna odakle, kao što brodari izbegavaju podvodno morsko stenje".

***Si Deus pro nobis, quis contra nos?*** – (lat.) *Rimljanima poslanica*, VIII, 31: „Ako je Bog s nama, ko će na nas?" (Preveo Vuk Stef. Karadžić). *Nemo, Domine* – (lat.) Niko, Gospode.

## Bolesti ove godine
## Glava III

Birgo od Marea i Raterija uz ovo poglavlje daje jednu zanimljivu propratnu belešku, koju prenosimo u celini:

„Naš autor nije bio jedini koji je u XVI veku pisao svoja Predskazanja, osim što im se po potrebi podsmevao. Negde oko 1532, zatekao se u Lionu, baš u vreme kada i Rable, izvesni Joakim Šterk Van Ringelberg iz Antverpena, ili, kako su ga zvali po latinski, *Joach. Fortius Ringelbergius*, prilično originalan lik, koji je upravo objavio kod Seb. Grifa drugo izdanje svoje knjige *De ratione studii*, neku vrstu u to vreme popularne enciklopedije, koja je potom često bila preštampavana, i gde govori o raznim naukama i o načinu na koji se one predaju. Ni astrologija tu nije izostavljena, i, na kraju poglavlja koje joj je posvećeno, nalazimo sledeći odlomak:

*'Ridicula, sed jucunda quaedam vaticinia.*

*Proximo anno, caeci parum, aut nihil videbunt, surdi male audient, muti non loquentur ... Divites melius se habebunt quam pauperes, sani quam aegri ... Multi interibunt pisces, boves, oves, porci, caprae, pulli et capones : inter simias, canes et equos mors non tantopere saeviet ... Senectus eodem anno erit immedicabilis, propter annos qui proecesserunt ... Bellum erit inter canes et lepores, inter feles et mures, inter lupos et oves, inter monachos et ova ...'*

['Smešna, ali i vesela predskazanja.

Sledeće godine, slepi će videti malo ili nikako, gluvi će loše čuti, mutavi neće govoriti ... Bogataši će se

36

bolje držati nego siromasi, zdravi bolje nego bolesni ... Pomreće mnoge ribe, goveda, ovce, svinje, koze, kokoške i patke; među majmunima, psima i konjima smrt neće toliko harati... Starost će ove godine biti neizlečiva zbog godina koje su protekle... Biće rata između pasa i zečeva, između mačaka i miševa, između vukova i ovaca, između monaha i jaja...' (lat.). (Prev. A. M. M.)]

Kada se ovi odlomci uporede sa III glavom *Pantagruelovskog predskazanja*, očigledno je da jedan autor kopira drugog. Mi nismo daleko od pomisli da je Rable, kojem je došla pod ruku ova latinska lakrdija, preneo to na francuski, proširio je i sačinio glavu koju ćemo pročitati."

**Averoes** – *Abu'-l-Walid Muhammad ibn Ahmad ibn Muhammad ibn Rušd*, arapski filozof, učenjak i lekar (Kordoba, 1126 – Marakeš 1198) pokušao je da poveže aristotelovsko poimanje bića i univerzuma i nauk Korana. Iako su njegovo učenje katoličke vlasti osudile 1240. i 1513, imao je velikog uticaja na srednjovekovni hrišćanski Zapad, pre svega zato što ga je upoznao sa Aristotelom. Tako govore enciklopedije. Borhes – autor kojega je, možda i ne toliko neočekivano koliko se na prvi pogled može učiniti, Rable svojim načinom pisanja na izvestan način predskazao – govori nam o Averoesovim prevodima Aristotela iz ugla „razvoja jednog poraza": Averoes, „zatvoren u krugu islama, nije nikad mogao doznati značenje reči *tragedija* i *komedija*", a ipak je poverovao da je pronašao arapski prevod za njih: „želeo je da zamisli šta je to drama, a nije ni slutio šta je pozorište." Postojao je, po Borhesu, izvestan temeljni nesporazum koji je uslovljavao svako Averoesovo tumačenje Aristotela, pa time, posredno, i tumačenja Aristotela došla kroz Averoesova dela.

Plodovi i dobra koja rastu iz zemlje
Glava IV

**Albumazer** – Arapski astrolog iz IX veka.

O položaju nekih ljudi
Glava V

**Tribule** – Bio je to pseudonim izvesnog Ferijala, koji je bio dvorska luda Luja XII, a zatim i Fransoa I. Ovo lično ime, međutim, nalazi se još u srednjovekovnim spisima, a koristi se i u uopštenom značenju „luda". U 38. poglavlju Treće knjige *Gargantue i Pantagruela*, Rable se ogleda u svojevrsnoj pohvali ludi, to jest, Tribuleu. Međutim, upravo luda je neko od koga treba tražiti savet, što Panurgije i čini nešto docnije, u 45. poglavlju iste, Treće knjige *Gargantue i Pantagruela*.

**Raminagrobisi** – Složenica od *rominer*, „mrmoriti, presti", i *grobis*, „veliki mačor"; šaljivo ime za mačku, koje se i pre Rablea koristilo i u opštem značenju mačka, kralj mačaka; kod Rablea, međutim, postoji u *Gargantui i Pantagruelu* III, glava 21–23, lik pesnika Raminagrobisa, koga Vinaver naziva i Frkmačorko; pesnik čiji bi se sladunjavi stihovi mogli nazvati lirskim mjaukanjem.

**Takvini i Marani** – Prema navodima Birgoa od Marea i Raterija, sasvim je prihvatljivo tumačenje izvesnog Le Dišaa, koji nastanak naziva *tacuin* objašnjava na sledeći način: „Buhahiliba Bengezla, Arapin, lekar Karla Velikog, napravio je knjigu pod naslovom *Tacuins*, što znači ,tablice', ,spiskovi', jer to su bile tabele u kojima su bile navedene sve bolesti zajedno sa lekovima za njih. Tu knjigu je preveo sa arapskog na latinski Jevrejin Feragut, drugi lekar Karla Velikog. Prevod je sačuvan, ali se original izgubio. Italijani su primili reč *tacuino*, koju treba razumeti kao ‚pisac almanaha'. Ovo objašnjenje sasvim je umesno kada su u pitanju nadrilekari, koji, pošto se strogo drže smešnih pouka astrologije, prema običaju Arapa i Jevreja, zaslužuju ime takvina i marana."

*Marrane* je, inače, reč španskog porekla (*marrano*, svinja; gad; prokletnik) koja je služila kao pogrdni naziv za pokrštene Jevreje i Arape koji su, navodno, spolja prihvatili hrišćanstvo, dok su potajno upražnjavali jevrejsku veru, a u francuskom postaje uvreda sa značenjem „izdajnik", „pokvarenjak". Zanimljivo, španska reč *marrano* verovatno je nastala od arapske *mahran*, što znači „zabranjen". Sudbine reči znaju da budu i ironične.

**Svi oni koji vezuju košulju u čvor na ledima** – Odnosno, ljudi koji nose toliko dronjave košulje, da se moraju vezivati od pozadi kako se ne bi raspale. Birgo od Marea i Raterija navodi primer iz Vergilijeve *Enejide*, poglavlje VI, stih 301, u kojem ovaj govori o Haronu: *Sordidus ex humeris nodo dependet amictus*, tj. „bedni ogrtač visi vezan u čvor preko leđa".

*Nomina mulierum desinentia in „ka", ut* – (lat.) Ženska imena sa nastavkom „ka", kao što su ...

**Zlodetelji i opraštači, pesnici** – Ove tri reči su izostavljene u Plejadinom izdanju, ali postoje u izdanju Birgoa od Marea i Raterija. U izdanju Bona i Diboa, opet, izostavljeni su „opraštači i pesnici".

**Staklari, stradiote, primorci** – U izdanju Bona i Diboa su izostavljeni, a u verziji Birgoa od Marea postoje, kao i u Plejadinom.

**Stradiote** – Konjanici iz Grčke i Albanije, pre svega u mletačkoj vojsci.

**Ipak neće otići onoliko Švaba u Santjago koliko će ih doći godine 1524.** – Godine 1524. očekivao se kraj sveta, s obzirom na to da su tako predviđala mnoga proročanstva onoga doba.

## O stanju u nekim zemljama
## Glava VI

**Plemenita kraljevina Francuska biće napredna i uspešna ove godine u svim zadovoljstvima i uživanjima.** – Krajem 1532. i početkom 1533. engleski kralj i papa su boravili u Francuskoj, pa su susreti sa Fransoa I proslavljani i na narodnim veseljima.

**Nobl a la roz** – *Nobles à la rose* (franc.) „plemići s ružom", naziv starog zlatnog novca u Engleskoj i u Francuskoj; njihova vrednost varira između 20 i 24 franka; za vreme Edvarda III, nobl a la roz su bili kovani u Engleskoj sa ružama kuća Jork i Lankaster.

**Anželoti** – *Angelotz* (franc.) „anđelčići", francuski novac iz vremena svetog Luja, na kojem je bila slika svetog Mihajla sa zmijom pod nogama; vredeo je jedan zlatni eki. Englezi su kovali anželote za vreme Henrika V.

**Egrefini** – *Aiglefins* ili *aigrefins* (franc.) od persijskog *aschrafi*, novčić.

**Rojali** – *Royaulx* (franc.) zlatni novac koji je kovan pod Filipom Lepim i njegovim naslednicima.

**Mutoni** – *Moutons* (franc.) „jagnjad", stari zlatni novac u Francuskoj koji je s jedne strane nosio lik svetog Jovana Krstitelja, a sa druge lik jagnjeta sa legendom *ecce agnus dei* (evo jaganjca božjeg); tokom XV veka, vredeo je 7,95 franaka.

**Eki** – *Ecu* ili *escu* (franc.), „škuda" ili „štit", jeste srebrni novac koji je tako nazivan zato što se na jednoj strani nalazio prikaz štita sa tri ljiljana, a zlatni eki sa suncem je novac kovan za vreme Luja XI i Šarla VIII, sa suncem ispod krune. (Današnji naziv valute evropske zajednice, navodno, potiče od nekakvih inicijala, i nije ni u kakvoj vezi sa ovim „štitom".)

*Adeo nihil est ex omni parte beatum* – (lat.) „Utoliko ništa nije sa svake strane sreća". U *Gargantui i Pantagruelu*, V, 26 (to je poglavlje koje govori o tome „Kako smo se iskrcali na Ostrvo Puteva, na kome putevi putuju") takođe postoji ovaj navod iz Horacija. Čitava rečenica, koju ovde navodimo u prevodu Stanislava Vinavera, može poslužiti kao glosa ovoga dela *Predskazanja*: „Ali kako već znate da se u svakoj stvari nađe greška i da *nema sreće svuda na ovome svetu*, tako nam i tamo rekoše da postoji jedna vrsta ljudi koje nazivaju drumskim lutalicama i skitnicama, pa ih se siroti putevi boje i beže od njih kao od razbojnika".

**Esterlinci** – Stanovnici nemačkih gradova koji su pripadali Hanzi, trgovačkom i političkom savezu pod vođstvom grada Libeka. Dolazi od engleskog naziva *Easterling*, trgovci sa istoka (u odnosu na Englesku).

**Pantagruelovci** – „Shvatate da to znači imati izvesnu duhovnu radost zasnovanu na preziranju proizvoljnih stvari", veli Rable, *Gargantua i Pantagruel*, IV, „Piščev prolog".

**Sveti Trenjan Škotski** – Valja uzeti u obzir dva odjeka koja je moguće čuti pri izgovaranju imena ovoga sveca. Jedan bi se oslanjao na pretpostavku da je ime sveca nepažljivo preneto, u sva tri izdanja koja smo konsultovali prilikom prevođenja, i da u stvari treba da glasi sveti Tenjan, to jest, Krastavi, Krastonosac (*teigne* – krasta), odnosno, *saint Aignan*, sveti Agnan, koji je narodskom hagiografijom dobio ime *saint Teignean*, sveti Tenjan. Naime, određeni broj svetaca se u narodu smatrao isceliteljima pojedinih bolesti čiji su nazivi nalikovali njihovim imenima. Druga pretpostavka, ne manje zaobilazna, ali ni manje eufonična, mogla bi se vezati za ime škotskoga sveca, Kentigerna, koji je verovao u proročanske i iskupiteljske moći ludâ i ludakâ.

**Ali sveće koje mu budu nosili, on neće videti ni malo jasnije ako se Ovan u porastu ne strmekne sa svoga brvna i ako mu se rog ne očene.** – Ovako stoji u Plejadinom i u izdanju Bona i Diboa. Prema izdanju Birgoa od Marea i Raterija, taj i sledeći pasusi raspoređeni su ovako:

„Ali sveće koje mu budu nosili, on neće videti ni malo jasnije.

Ako se Ovan u porastu ne strmekne sa svoga brvna i ako mu se rog ne očene, Moskovljani, Indijci, Persijanci i Trogloditi često će imati krvavu sraćkalicu, jer neće želeti da papežnici od njih naprave ovce.

S obzirom na kretanje Strelca, koji je u usponu, Česi, Jevreji, Egipćani neće ove godine biti prisiljeni da se zadovolje samim nadanjima, Venera im žestoko preti škrofulama.“

Astrološki znaci, i njihovi štićenici, ovim neujednačenostima u čitanju izvornog teksta od strane priređivača, imaju sudbinu koja je sasvim astrološki nepredvidljiva i višesmislena.

**Parpajoni–Leptirnjaci** – *Parpaillons* (franc.) Ne možemo odoleti sličnosti ove reči sa nazivom *parpaillot*, pogrdnim imenom za kalviniste. Prema Litreu, poreklo njeno dolazi od reči koja je značila „leptir“, mada navodi i tvrdnje nekih etimologa da reč potiče od naziva nekog novčića, ili pak od imena izvesnog gospodina

Parpaja, rodom iz Oranža, koga su kao protestanta pogubili 1562. godine. Kada se tačno u značenju „kalvinista" i „jeretik" ova reč najpre javlja, nema tačnih podataka. Kod Rablea, kaže međutim Litre, *parpaillot* mora značiti „leptir" pa citira rečenicu iz *Gargantue i Pantagruela, I, 3*: „*En son eage viril /Grangousier/ epousa Gargamelle, fille du roi des Parpaillots*", koja u Vinaverovom prevodu glasi: „Kad je stasao na snagu, on se oženio Gargamelom, ćerkom kralja Leptira".

**Sarabuiti** – *Sarabouytes* (franc.) I ovaj naziv nekakvoga naroda vrlo je zahvalan za domišljanja mogućih značenja. U navedenom obliku ta reč nije se našla ni u jednom rečniku ili enciklopediji do koje je bilo moguće doći, ali se zato kod Litrea ponovo nalazi jedan sasvim rableovski putokaz: reč *sarabaïtes* (sarabaiti), koja znači „vrsta kaluđera koji su živeli po dvojica ili trojica, bez pravila i bez sveštenika, i koji nisu priznavali druge zakone osim svojih želja i uživanja".

**Pošto je Sunce hrabro ušlo u sazvežđe Jarca** – Prema Porfiriju, tumaču Platonovom, to su u stvari „severna vrata duša", koja su rezervisana samo za bogove.

**Hromi** – *Boyteux* (franc.) Prema tumačenju Kloda Genjbea, čekati dolazak Hromog znači čekati dolazak Vremena, Saturna, koji je tradicionalni zaštitnik ćopavaca, prema srednjovekovnom učenju o deci planetâ, inače potanko izloženom u Petoj glavi ovog *Predskazanja*.

## O četiri godišnja doba i najpre o proleću
## Glava VII

*Ma Dia* – (grčki) Ne, tako mi boga! U komentarima, pretpostavlja se, Rableovim, uz *Četvrtu knjigu podviga i junačkih dela plemenitoga Pantagruela*, sto-

43

ji objašnjenje: „To je narodski izraz koji se upotrebljava u Tureni i svakako je grčki: *Ma Dia*, ,ne, tako mi Jupitera', a *Ne Dia*, „da, tako mi Jupitera'".

**Grifoni** – U Borhesovom priručniku fantastične zoologije nalazimo citat iz *Putovanja* ser Džona Mandelvila u kojem „... neki kažu da im je prednji deo tela poput orlovskog a zadnji kao u lava, i to je istina jer su takvi stvoreni; no grifon ima telo veće od osam lavova i krila vrednija od stotinu orlova. Jer, leteći, poneće u svoje gnezdo konja ili čoveka na leđima, ili dva vola zajedno upregnuta za oranje, jer ima velike kandže na nogama, velike poput volovskih rogova ..." Dalje nam Borhes objašnjava simboliku grifona, koja je u srednjem veku naizgled kontradiktorna. „Neki talijanski bestijarijum upoređuje ga sa đavolom; obično se, međutim, grifon pojavljuje kao znak Hrista, a Isidor Seviljski to ovako objašnjava u svojim *Etimologijama*: ,Hrist je lav jer vlada i jer je moćan; a takođe je orao jer se nakon uskrsnuća vinuo u nebo.'"

Maroni, su, međutim, ovozemaljska stvorenja. „Ljudi koji, kao pravi grifoni, prelaze i preko najstrmijih planina", kaže Birgo od Marea i Raterija. U kasnolatinskom, tako su se nazivali razbojnici u Alpima, pa se kasnije reč upotrebljavala da označi one koji dobro poznaju planinske staze i bogaze.

O letu
Glava VIII

**Tako mi sreće** – U izdanju Bona i Sakrea stoji: „... tako mi časti...".

**Hali** – Arapski matematičar iz XII veka.

*Contraria contrariis curantur* – (lat.) Klin se klinom izbija.

## O jeseni
## Glava IX

**Post postiti** – Ovako stoji samo u izdanju Bona i Diboa. U Plejadinom izdanju i u izdanju Birgoa od Marea imenica je izostavljena.

## O zimi
## Glava X

**Pijte od najboljega, čekajte dok se ono drugo ne popravi. I od sada ne serite više u krevet.** – Prema Genjbeu, „ovaj eliptični tekst može se rasvetliti. 'Najbolje' je staro vino; mlado vino, ako se pije zimi, može izazvati ,noćnu sraćkalicu'". To je tema koja nije zanemarena ni na drugim mestima u ovom istom tekstu (na primer, u Trećoj glavi, u kojoj se govori o bolestima, napominje se kako su se sabrali svi uslovi da, ako je čovek nepažljiv, dobije nazeb, odnosno „kašalj" creva), a dužna pažnja posvećena joj je i u *Gargantui i Pantagruelu*. Pišući o grotesknoj slici tela kod Rablea, Mihail Bahtin u svojoj knjizi *Stvaralaštvo Fransoa Rablea* govori o tome kako „izmet i mokraća pretvaraju kosmički užas u veselo karnevalsko strašilo": Bahtin podseća „da je mokraća (kao i izmet), vesela materija, koja istodobno snižava i ublažava, koja strah pretvara u smeh". Bahtinovo tumačenje upravo ukazuje na vezu koju Rable uspostavlja između „kosmičkih perturbacija na nebu, koje imaju karnevalsko obeležje", i „groteske tela". „Tu se groteskne slike prepliću s kosmičkim pojavama", veli Bahtin. Naime, prema njegovom tumačenju, borba sa kosmičkim strahom nije se oslanjala na apstraktna nadanja u večnost duha, nego upravo na materijalno načelo u samome čoveku. „Čovek kao da je pobeđivao kosmičke elemente nalazeći ih i živo ih osećajući u sebi samome, u sopstvenom telu; on je kosmos osećao u samome sebi." I dalje, „... ljudi su pobeđivali i u sebi osećali materijalni kosmos s njegovim elementima u izrazito materijalnim aktima i funkcijama tela: u jedenju, izlučevinama, u aktima polnoga života (...) Kosmička katastrofa, prikazana pomoću slika materijalno–telesnog donjeg dela, podvrgava se degradiranju, očovečuje se i pretvara u smešno strašilo. Kosmički strah je pobeđen smehom."

(U Beogradu, maj – avgust 1994.)

# HRONOLOGIJA ŽIVOTA I DELA
# FRANSOA RABLEA

**1494.** Pretpostavlja se, ali nije sa potpunom sigurnošću utvrđeno, da se Fransoa Rable rodio te godine. Po predanju, došao je na svet na porodičnom imanju Devinijera, kao sin Antoana Rablea, šinonskog advokata.

**1511.** Godina za koju se takođe samo predpostavlja, mada sa priličnom sigurnošću, da se Rable zaredio, u samostanu braće minorista u Fontene-le-Kontu, u Vandeji.

**1515–1518.** Moguće je da je upravo ovih godina bio iskušenik u franjevačkom manastiru La Bimet, nadomak Anžea.

**1520–1524.** Rable se dopisuje sa Gijomom Bideom, jednim od najprosvećenijih Francuza svoga vremena. Od tih pisama sačuvano je samo jedno. Tada se već zaredio kao franjevac u Fontene-le-Kontu. Uči grčki jezik. Među njegovim prijateljima je i advokat Andre Tirake, učesnik u platonističkim raspravama.

Franjevački red bio je jedan od onih koji su najviše prezirali intelektualnu kulturu. Grčki jezik se, pak, smatrao jezikom okultnih nauka i jeresi. Teološki fakultet u Parizu, Sorbona, grčki jezik je zabranio, te su samostanske vlasti Rableu zaplenile njegove knjige na grčkom, no, posle nekog vremena one su mu vraćene.

**1525.** Ubrzo potom, međutim, uz papin blagoslov, Rable prelazi u benediktinski red, u samostan Sveti Petar u Mejzeu, gde je opat bio biskup od Mejzea, Žofroa D'Etisak. Štićenik Žofroa D'Etisaka, čija je porodica bila izuzetno uticajna, Rable ga prati na mnogim putovanjima.

Veoma je verovatno da tokom sledećih godina odlazi na predavanja na Univerzitetu u Poatjeu.

**1528.** Rable odlazi u Pariz, i nastanjuje se u hotelu Sen-Deni, u kući u kojoj su noćivali benediktinci na proputovanju. Pohađa nastavu na Univerzitetu, odbacuje monašku rizu, i bez dozvole svoga nadređenog, postaje svetovnjački sveštenik. Zbog čega, nije poznato.

**1530.** Ove godine Rable se vratio u Monpelje, i 17. septembra se upisao na Medicinski fakultet. 1. novembra Rable postaje bakalaureat medicine. Da bi tako nešto postigao, mora biti da je njegov lekarski ugled već bio veoma veliki. U to vreme, medicina je bila jedna od grana humanističkih nauka.

**1531.** Od 17. aprila do 24. juna Rable je održao svoj pripravnički kurs: tumačio je Hipokratove *Aforizme* i Galijenovu *Malu medicinsku veštinu*, na osnovu grčkih, a ne latinskih spisa, što je predstavljalo pravu senzaciju.

**1532.** Rable odlazi u Lion. Tu objavljuje Hipokratove *Aforizme* i preštampava Manardijeva *Medicinska pisma*, kod izdavača Sebastijana Grifa. Krajem te godine, objavljuje *Zaveštanja Lucija Kuspidija*, pastiš iz XV veka za koji se u to vreme verovalo da predstavlja zanimljiv i autentičan antički dokument. Rable je predao knjigu *Strašni i jezoviti doživljaji i podvizi slavnoga Pantagruela, kralja Žeđara (Les Horribles et épouvantables faits et prouesses du très renommé Pantagruel, roi des Dipsodes)* izdavaču Klodu Nuriju, koji

48

počinje da ga prodaje najverovatnije na lionskom vašaru, 3. novembra 1532. Ovu knjigu Rable je potpisao anagramom svoga imena, Alkofribas Nasijer. Nešto kasnije, ili u isto vreme, Rable je objavio i *Almanah za 1533. godinu*, čiji je samo jedan deo sačuvan, i *Pantagruelovsko predskazanje za godinu 1533*.

Imenovan je za lekara Glavne bolnice u Pon-di-Ronu, iako nije imao licencijaturu. U to vreme piše Erazmu jedno pismo puno divljenja.

**1533.** Usledile su osude *Pantagruela* od strane Sorbone, kao i mnogobrojna preštampavanja iste knjige. Prvo datirano izdanje *Pantagruela* (u stvari, drugo izdanje) pojavilo se kod Fransoa Žista.

8. novembra odlazi za Italiju sa Žanom Di Beleom, novim i još moćnijim zaštitnikom, biskupom Pariza.

**1534.** U drugoj polovini januara, stigli su u Rim. U Rimu Rable sreće manje učenjaka nego što se nadao, i u maju se vraća u Lion, a zatim i na svoje mesto lekara u Gradskoj bolnici u Pon-di-Ronu.

Objavio je *Gargantuu*, verovatno opet za vašar, 3. novembra, kako je i *Pantagruel* prethodne godine izašao. To nije bio niti nastavak prethodnog dela, niti početak nekog novog: pisac je jednostavno odlučio da svog novog junaka predstavi kao oca onog prethodnog. I ovu knjigu potpisao je istim pseudonimom.

Već krajem proleća ove godine progoni protiv Rablea se smiruju. Žan Di Bele postao je kardinal.

**1535.** Rable putuje sa Žanom Di Beleom u Rim, odakle se dopisuje sa Žofroa D'Etisakom. Od te prepiske sačuvana su tri dugačka Rableova pisma. Uspeo je da od pape izmoli oproštaj i da sa sebe skine mrlju apostate koja mu je ostala kada je napustio monaški red nekoliko godina ranije.

**1536.** Početkom maja, ponovo se našao uz kardinala Di Belea u Lionu. Di Bele je tada bio opat benediktinskog manastira Sen-Mor-le-Fose, nadomak Pariza, i nakon dugog vremena uspeo je da izmoli od pape dozvolu da tu opatiju pretvori u svetovnu kanoničku školu, u koju je primio i Rablea.

**1537.** 22. maja Rable je postao doktor medicine na Univerzitetu u Monpeljeu, samo šest nedelja nakon licencijature, mada je već davno pre toga ovu titulu počeo da upotrebljava. Toga leta, u Lionu je održao čas anatomije na lešu jednog osuđenika koji je obešen.

**1538.** U julu te godine Rable prisustvuje susretu tada sukobljenih kraljeva Fransoa I i Karla Petog u Egi-Mortu.

**1540.** Rable se nalazi u Torinu sa Gijomom Di Beleom, gospodarom Langea − starijim bratom kardinala Žana Di Belea − koji je tada bio imenovan za guvernera Pijemonta. Rable je tada pisao istoriju pohoda gospara od Langea, pod naslovom *Stratagemata*, ali ta knjiga je izgubljena.

**1542.** Rable odlazi za Torino. Te godine je u Lionu, kod Fransoa Žista, izdao *Gargantuu* i *Pantagruela*, u obliku koji nam je danas poznat. To je poslednja verzija teksta koju je Rable sam ispravljao. U decembru se vratio u Francusku sa Gijomom od Langea, koji je bio teško bolestan, i umro 9. januara 1543.

**1543.** Drugoga marta Sorbona je ponovo osudila *Gargantuu* i *Pantagruela*. 30. maja umro je Žofroa D'Etisak.

**1545.** Rable je, međutim, i dalje pod zaštitom kardinala Di Belea, te je uspeo da dobije kraljevsku privilegiju za objavljivanje *Treće knjige*. Krajem iste godine, pojavio se još jedan, danas izgubljen, *Almanah* iz Rableovog pera.

**1546.** Rable je objavio *Treću knjigu* kod štampara Kristijana Vedela. I ona je napadana i osuđivana uprkos kraljevskoj privilegiji. Rable se sklonio u Mec i postao lekar u tom gradu.

**1547.** Te godine, 27. jula Rable je pošao za Rim sa Žanom Di Beleom. U Lionu je predao štamparu prvih jedanaest poglavlja *Četvrte knjige* i *Almanah za 1548*. U Rimu je sa svojim zaštitnikom ostao dve godine.

**1549.** U martu je Di Bele priredio veliko slavlje u čast rođenja kraljevog sina Luja, vojvode od Orleana. Rable je tim povodom sastavio spis, *Sciomahiju*, koji je objavio u Lionu, po povratku u Francusku zajedno sa Žanom Di Beleom, u septembru mesecu. Rable je postao štićenik kardinala Odea od Šatijona, kome je posvetio potpuno izdanje *Četvrte knjige*, 1552. godine. Gabrijel De Pi Erbo objavljuje *Teotimusa*, knjigu u kojoj je Rable optužen za bogohuljenje. Di Bele je sam otišao za Rim, sa kardinalima od Giza, Šatijona i Vandoma, što je predstavljalo veliko obeshrabrenje za Rablea.

**1550.** Ode od Šatijona dobio je od kralja novu privilegiju za Rablea. Žan Di Bele se vratio bolestan iz Rima i povukao se u zamak Sen-Mor, gde je Rable iznova postao njegov kućni lekar i nastavio rad na *Četvrtoj knjizi*.

**1551.** 18. januara Žan Di Bele je dao Rableu parohije Sveti Martin u Medonu i Sveti Kristofor u Žambeu. Rable tamo nije živeo, nego je upravljao posredstvom vikara kojem je davao deo svojih prihoda.

**1552.** 28. januara objavljeno je potpuno izdanje *Četvrte knjige*, koja predstavlja nastavak *Treće*. 1. marta usledila je nova osuda Sorbone, i Rable je gonjen po nalogu Parlamenta. U novembru mesecu se u Lionu govorkalo da je Rable zatvoren.

**1553.** U januaru mesecu, Rable se odrekao svoje dve parohije. Zbog čega, nije poznato. Umro je u Parizu, verovatno početkom aprila.

**1562.** Pod naslovom *Zvoniostrvo* (*Isle Sonante*), objavljeno je posthumno šesnaest poglavlja koja pripovedaju nastavak Pantagruelovih putovanja, započetih u *Četvrtoj knjizi*.

**1564.** Objavljena je *Peta i poslednja knjiga*, potpuno izdanje koje se unekoliko razlikuje od prethodnog, *Zvoniostrva*, u svojih prvih šesnaest poglavlja. Konačno, u Nacionalnoj biblioteci u Parizu postoji jedan nedatiran rukopis koji je različit i od *Zvoniostrva*, i od *Pete knjige*, onakvih kakve su ove knjige objavljene. Prema Žaku Bulanžeu, priređivaču Rableovih sabranih dela koja su objavljena u izdanju Plejada, sve varijante ove poslednje knjige nikada nisu u potpunosti kritički ispitane. Bulanže je, na osnovu sopstvenih istraživanja u vezi sa prvih šesnaest poglavlja, zaključio da je *Zvoniostrvo* prva redakcija *Pete knjige*, rukopis u Nacionalnoj biblioteci druga, a izdanje iz 1564. treća redakcija. Bulanže pretpostavlja da je prvi štampar došao do Rableovih rukopisa, i objavio samo one delove koji su bili dovršeni. Kasnije izdanje izdavač je, međutim, objavio oslanjajući se na rukopis i rekonstruišući preostale, nedovršene delove.

**1950.** Stanislav Vinaver objavljuje srpski prevod *Gargantue i Pantagruela* u beogradskoj Prosveti.

# BIBLIOGRAFIJA PRVIH IZDANJA
## RABLEOVIH DELA

1. *Io. Manardi Ferrariensis medici Epistolarum medicinalium Tomus secundus, nunquam antea in Gallia excusus Lugduni apud Seb. Gryphium. MDXXXII.* (*In-8°*. Na početku tog Drugog toma nalazi se epistola Andreu Tirakeu, datirana u Lionu, *„III non. Junii 1532".*)

2. *Hippocratis ac Galeni libri aliquot, ex recognitione Francisci Rablaesi, medici omnibus numeris absolutissimi: quorum elenchum sequens pagella indicabit. Apud Gryphium Lugd. 1532.* (U zaglavlju je epistola Žofroa D'Etisaku, datirana u Lionu, *„Idibus Iulij, 1532".* Za latinskim, sledi i tekst na grčkom.)

3. *Ex reliqviis venerandae antiqvitatis Lvcii Cvspidii testamentvm. Item, contractvs venditionis, antiqvis Romanorvm temporibvs initvs. Apvd Gryphivm Lvgdvni, 1532.* (*In-8°*. Na početku je epistola Amoriju Bušaru, datirana u Lionu, *„pridie nonas Septemb. 1532".*)

4. *Almanach pour l'an 1533, calculé sur le Meridional de la noble cité de Lyon, & sur le climat du Royome de France. Composé par moy François Rabelais, Docteur en Medecine & professeur en astrologie. La disposition de cette présente année 1533.* (Izgubljeno, osim jednog odlomka.)

5. *Pantagruel. Les horribles et espouentables faictz & prouesses du tresrenome Pantagruel Roy des Dipsodes, fils du grand geant Gargantua, composez nouuellement par maistre Alcofrybas Nasier. On les vend à Lyon en la maison de Claude Nourry, dict le Prince pres Nostre Dame de Confort. (S.a. /1532/.)*

6. *Pantagrueline prognostication certaine veritable & infalible pour l'an M.D.XXXIII nouvellement composée au profît & advisement de gens estourdis et musars de nature par maistre Alcofribas architriclin dudict Pantagruel. (Lyon, F. Juste, s.a., /1532/.)*

7. *Topographia antiqvae Romae. Ioanne Bartholomaeo Marliano Patritio Mediolanensi autore. Apvd Seb. Gryphivm Lugduni*, 1534. (Na početku, epistola Žanu Di Beleu, datirana u Lionu, „*Pridie Cal. Septemb. 1534*".)

8. *Almanach pour l'an 1535, calculé sur la noble cité de Lyon, à l'élévation du pole, par 45 degrez 15 minutes en latitude et 26 en longitude. Par M. Françoys Rabelais, docteur en medecine et medecin du grant hospital dudit Lyon. Lyon, Françoys Juste, 1534.* (Izgubljeno, osim jednog kratkog odlomka.)

9. *Gargantua. ΑΓΑΘΗ ΤΥΧΗ. La vie inestimable dv grand Gargantua, pere de Pantagruel, iadis composee par l'abstracteur de quinte essence. Livre plein de pantagruelisme. M.D.XXXIV. (...) Lyon, Francois Juste.* (Izdanje iz 1534. godine je samo delimično sačuvano. Jedini poznati primerak čuva se u Nacionalnoj biblioteci u Parizu, ali u njemu nedostaje naslovna stranica.)

10. *Almanach pour l'an 1536.* (Izgubljen, ako je ikada i postojao.)

11. *Almanach pour l'an M.D.XLI calcule sus le méridien de la noble cite de Lyon a leleuation du pole*

*par XIV degrez. XV minutes en latitude, & XXVI. en longitude, par Maistre Francoys Rabelais docteur en Medicine.* (Moguće da je štampar bio F. Žist. Godina nije navedena. Poznata su samo dva odlomka koja se čuvaju u Nacionalnoj biblioteci.)

12. *Stratagèmes, c'est-à-dire proesses et ruses de guerre du preux et celebre cheualier Langey, on commencement de la tierce guerre Cesarienne, traduit du latin de Fr. Rabelais par Claude Massuau; Lyon, Seb. Gryph. 1542.* (Poznat je samo naslov ovoga dela, čija su dva izdanja, 1551. i 1552., objavljena pod naslovom *Discipline militaire.*)

13. *La grande & vraye Pronostication nouvelle pour lan Mil. CCCC. XLIII.* (Predskazanje je, u stvari, za godinu 1544. U Parizu, kod Žana Reala, krajem 1543. godine.)

14. *Almanach pour l'an 1546, composé par Maistre Françoys Rabelais. Docteur en Medecine.* (Izgubljeno.)

15. *Tiers livre des faictz et dictz Heroïques du noble Pantagruel: composez par M. Franç. Rabelais docteur en Medicine, & Calloïer des Isles Hieres. L'auteur susdict supplie les Lecteurs beneuoles, soy reseruer à rire au soixsante & dixhuictiesme liure. A Paris, Par Chrestien Wechel, M.D.XLVI. (In-8°.)*

16. *Almanach ou Pronostication pour l'an 1548, imprimé à Lyon audit an.* (Izgubljeno.)

17. *Le quart livre des faictz et dictz Heroiques du noble Pantagruel. Composé par M. François Rabelais, Docteur en Medecine, & Calloier des Isles Hieres. A Lyon, Lan mil cinq cens quarante & huict.* (Godina 1548. Sadrži Prolog i prvih 11 poglavlja.)

18. *La Sciomachie & festins faits a Rome au palais de mon seigneur reuerendissime Cardinal du Bellay,*

*pour l'heureuse naissance de mon seigneur d'Orleans. Le tout extraict d'vne copie des lettres escrites à mon seigneur le reuerendissime Cardinal de Guise, par M. François Rabelais docteur en medicine. A Lyon, par Sebastien Gryph. M.D.XLIX. (In-8°.)*

19. *Almanach & Ephemerides pour l'an de Nostre Seigneur Jesus Christ, 1550, composé & calculé sur toute l'Europe, par maistre François Rabelais, medecin ordinaire de Monseigneur le Reuerendissime Cardinal du Bellay.* (Izgubljeno.)

20. *Almanach pour l'an 1553.* (Izgubljeno.)

21. *La Chresme Philosophale, auec vne Epistre Limosine, & deux autres Epistres à deux Vieilles de differentes moeurs. In: Œuvres de M<sup>e</sup> François Rabelais (...) A Lyon Par Iean Martin. 1558.* (Ovo izdanje je antedatirano, i, prema bibliografiji Plejadinog izdanja, moralo je nastati posle 1565. godine. Za ove tekstove Rableovo autorstvo istraživači uglavnom odbacuju.)

22. *L'Isle Sonante, par M. Françoys Rabelais, qvi n'a point encores esté imprimé ne mise en lumiere: en laquelle est continuee la nauigation faicte par Pantagruel, Panurge & autres ses officiers. Imprimé nouuellement. M.D.LXII.* (Početak *Pete knjige.* Verovatno onaj deo koji je Rable dovršio pre smrti.)

23. *Le cinqviesme et dernier livre des faicts Heroïques du bon Pantagruel, composé par M. François Rabelais, Docteur en Medecine. Auquel est contenu la visitation de l'Oracle de la Diue Bacbuc, & le mot de la Bouteille: pour lequel auoir, est entrepris tout ce long voyage. Nouuellement mis en lumière. M.D.LXIIII.* (Knjiga je štampana u Lionu.)

# BIBLIOGRAFIJA IZDANJA
## *PANTAGRUELOVSKOG PREDSKAZANJA*

1. *Pantagrueline prognostication certaine veritable & infalible pour l'an M.D.XXXIII nouuellement composée au profit & advisement de gens estourdis et musars de nature par maistre Alcofribas architriclin dudict Pantagruel. (Lyon, F. Juste, s. a.,* / oko 1532/.)

2. *Pantagrueline Prognostication certaine veritable & infalible pour lan mil. D.XXXIII nouuellement composée au profit & advisement de gens estourdis et musars de nature par maistre Alcofribas architriclin dudict Pantagruel.* (Bez označenog mesta i godine.)

3. *Pantagrueline prognostication certaine veritable & infalible pour lan mil. D.XXXIII nouuellement composée au profit & advisement de gens estourdis et musars de nature par maistre Alcofribas architriclin dudict Pantagruel.* (Pariz, s. a. – verovatno 1533.)

4. *Pantagrveline prognostication, certaine, veritable, et infalible pour Lan M.D.XXXV... Lyon, Fr. Juste.*

5. *Pantagrveline prognostication, certaine, veritable, & infalible pour Lan M.D.XXXVII. (Fr. Juste, 1537.?)*

6. *Pantagrueline Prognostication, certeine, veritable, & infalible Pour Lan. M.D.XXXVIII.* (Bez navedenog mesta i godine. Objavljeno u Parizu, *Denis Janot*, 1537.)

7. *La Pantagruéline prognostication. Rueil, J. Chahne, 1922.* (Faksimil prvog izdanja iz 1532. prema jedinom primerku u Nacionalnoj biblioteci. Izdanje je priredio Pjer-Pol Plan.)

8. *Pantagrueline prognostication certaine veritable & infalible pour lan mil. D.XXXIII. nouuellement composée au profit & advisement de gens estourdis et musars de nature par maistre Alcofribas architriclin dudict Pantagruel... (Lyon, F. Juste, 1532.). Paris, Éditions des Quatre-Chemins, 1925.* (Faksimil; objavljen sa beleškom Pjera Šampiona naslovljenom *„Deux publications lyonnaises de 1532"* – „Dva lionska izdanja iz 1532.")

9. *Pantagruéline prognostication (...) Maestricht, A.A.M. Stols, 1933.*

10. *Pantagruéline prognostication, certaine, veritable et infalible pour l'an perpétuel. Nouvellement composée au proffict & advisement de gens estourdis et musars de nature par maistre Alcofribas. Paris, 1947.* (Bibliofilsko izdanje, ukrašeno gravirama Morisa L'Oara.)

11. *Pantagrueline Prognostication Certaine, veritable & infaillible pour l'an perpetuel. Nouvellement composée au prouffit & advisement de gens estourdis & musars de nature, Par maistre Alcofribas, architriclin dudict Pantagruel (préface de François Bon et Luis Dubost). In: François Bon, James Sacré, François Rabelais, Bon & Sacré Rabelais, Le dé bleu, La belle dérangère, 1994.* (Tekst zasnovan na izdanju Fransoa Žista iz 1542. godine, koje se smatra konačnim.)

Pored ovih zasebnih izdanja, *Pantagruelovsko predskazanje* je često preštampavano zajedno sa drugim Rableovim delima. Prema bibliografiji Plejadinog izdanja, koju smo u izradi obeju bibliografija prevashodno koristili, ovo predskazanje postalo je predskazanje za „večnu godinu" počev od 1542. godine, kada je ovaj Rableov tekst objavljen zajedno sa *Pantagruelom*, u Lionu, kod štampara Fransoa Žista.

# SADRŽAJ

Izdavačko preduzeće
RAD
Beograd, Moše Pijade 12

*

Glavni urednik
JOVICA AĆIN

*

Za izdavača
ZORAN VUČIĆ

*

Nacrt za korice
JANKO KRAJŠEK

Realizacija
ALJOŠA LAZOVIĆ

*

Korektor
MIROSLAVA STOJKOVIĆ

*

Priprema teksta
Grafički studio RAD
ĐURO CRNOMARKOVIĆ
MILAN MILETIĆ
DUŠAN VUJIĆ

*

Štampa
ZUHRA, Beograd

CIP – Каталогизација у публикацији
Народна библиотека Србије, Београд

840-3

РАБЛЕ, Франсоа
    Sigurno, istinito i nepogrešivo Patagruelovsko pred-
skazanje : za večnu godinu iznova sastavljeno na polzu i
za nauk vetropirima i zazjavalima po prirodi od Meštra
Alkofribasa, velegozbenika narečenog Pantagruela /
Fransoa Rable ; prevela sa francuskog izvornika, napom-
enama propratila hronologiju i bibliografije sastavila
Aleksandra Mančić Milić. – Beograd : Izdavačko pre-
duzeće Rad, 1995 (Novi Beograd : Goragraf). – 63 str. ;
19 cm. – (Biblioteka Reč i misao ; knj. 456)

Prevod dela: Pantagrueline prognostication certaine,
véritable et infallible. – Prevodiočeve napomene: str.
31–45. – Bibliografija: 53–59.

ISBN 86-09-00377-9

1. Манчић Милић, Александра
929:82 Рабле Ф.
a) Рабле, Франсоа (око 1494–1553)
ID=37420812